IAR

INSTRUMENTO DE AVALIAÇÃO DO REPERTÓRIO BÁSICO PARA A ALFABETIZAÇÃO

CADERNO DE RESPOSTAS

ALUNO: ____________________

____

ESCOLA: ____________________

CLASSE: ____________________ DATA ___/___/___

APLICADOR: ____________________

____

Sérgio Antonio da Silva Leite

EDICON

Dados Internacionais de Catalogação na Publicação (CIP)
(Câmara Brasileira do Livro, SP, Brasil)

Leite, Sérgio Antônio da Silva
IAR : Instrumento de Avaliação do Repertório Básico para a Alfabetização : caderno de respostas / Sérgio Antônio da Silva Leite. -- 4. ed. -- São Paulo : Edicon Editora e Consultoria, 2024.

ISBN 978-65-5934-114-6

1. Alfabetização - Problemas, questões, exercícios 2. Educação - Avaliação I. Título.

24-236024 CDD-372.416

Índices para catálogo sistemático:

1. Alfabetização : Metodologia : Educação 372.416

Eliete Marques da Silva - Bibliotecária - CRB-8/9380

Impresso no Brasil/Printed in Brazil

EDICON
Editora e Consultoria Ltda
(11) 3255 1002 • 3255 9822
Rua Gama Cerqueira, 87 Cambuci
CEP 01539-010 São Paulo/SP
www.edicon.com.br
contato@edicon.com.br

- O IAR compõe-se de dois volumes: o Manual de aplicação e avaliação e o Caderno de respostas.
- Para saber os fundamentos do IAR e ter sugestões de programas para desenvolver os pré-requisitos para a alfabetização, leia, do mesmo autor: Preparando a alfabetização. São Paulo : EDICON, 2015, 4ª edição.

Os pedidos desta obra podem ser feitos no nosso site, por telefone, email e marketplaces. Oferecemos descontos para pedidos acima de 10 exemplares.

❙ ESQUEMA CORPORAL AVALIAÇÃO:

1) Pintar a cabeça de amarelo:

2) Pintar os braços de vermelho:

3) Pintar as pernas de verde

4) Desenhar os olhos:

5) Desenhar o nariz:

6) Desenhar a boca:

II LATERALIDADE AVALIAÇÃO:

1) Pintar a árvore que está à direita:

2) Pintar o carro que está à esquerda:

3) Pintar de amarelo o que a menina tem na mão direita:

4) Pintar de vermelho o que a menina tem na mão esquerda:

III POSIÇÃO AVALIAÇÃO:

1) Pintar de verde a bola que está abaixo do gato:

2) Pintar de vermelho a bola que está em cima do gato:

3) Pintar de vermelho a flor que está dentro do vaso:

4) Pintar de amarelo a flor que está ao lado do vaso:

5) Pintar de amarelo o carro que está em frente da garagem:

6) Pintar de azul o carro que está atrás da garagem:

IV DIREÇÃO AVALIAÇÃO:

1) Pintar de verde o caminhão que está indo para cima:
2) Pintar de vermelho o caminhão que está indo para baixo:

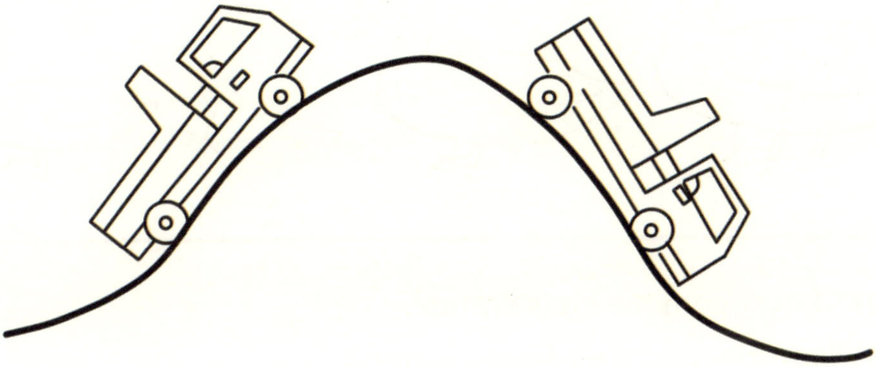

V ESPAÇO AVALIAÇÃO:

1) Marcar um X no pintinho que está mais longe da mãe:
2) Fazer uma bola em volta do pintinho que está mais perto da mãe:

VI TAMANHO AVALIAÇÃO:

1) Marcar com X o pato menor:

2) Pintar o pato maior:

3) Marcar com X o lápis grande:

4) Fazer uma bola no lápis pequeno:

5) Pintar o livro mais grosso:

6) Marcar com X o livro mais fino:

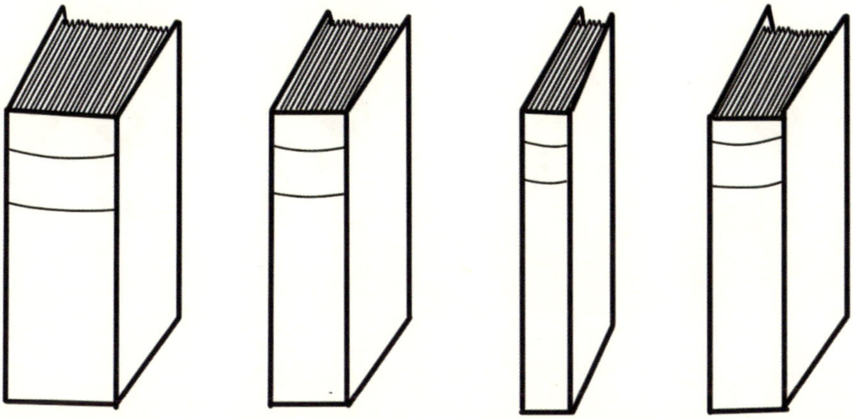

7) Marcar com um X o menino mais alto:

8) Pintar o menino mais baixo:

VII QUANTIDADE AVALIAÇÃO:

1) Marcar com um X a bola onde tem mais borboletas:

2) Pintar a bola onde tem menos borboletas:

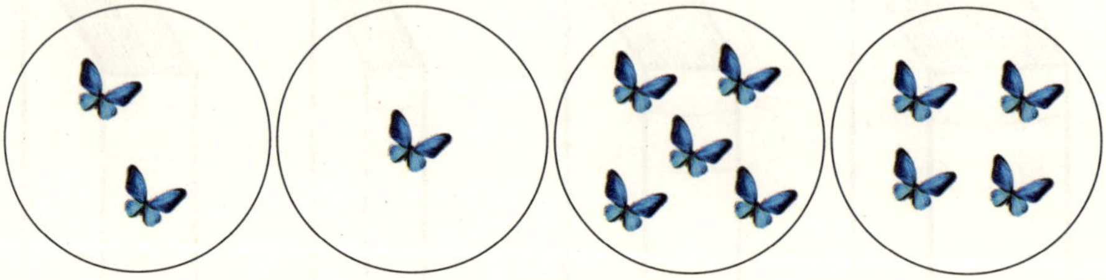

3) Marcar com um X o copo mais cheio:

4) Circular o copo vazio:

5) Marcar com um X a bola com muitas bandeiras:

6) Pintar a bola com nenhuma bandeira

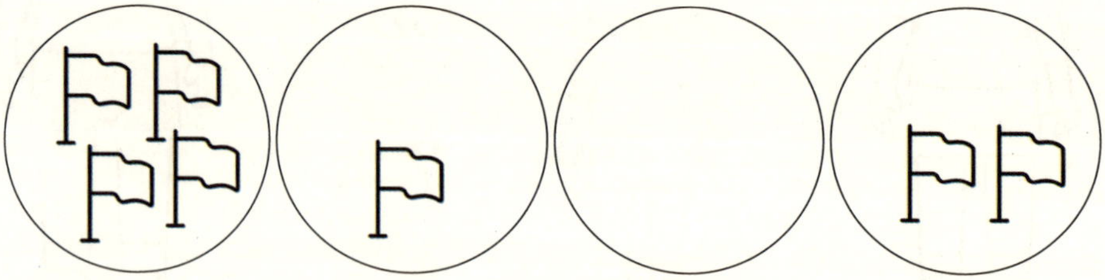

VIII FORMA AVALIAÇÃO:

1) Marcar com X o círculo:

2) Fazer uma bola em volta de retângulo:

3) Pintar de vermelho o quadrado:

4) Pintar de verde o triângulo:

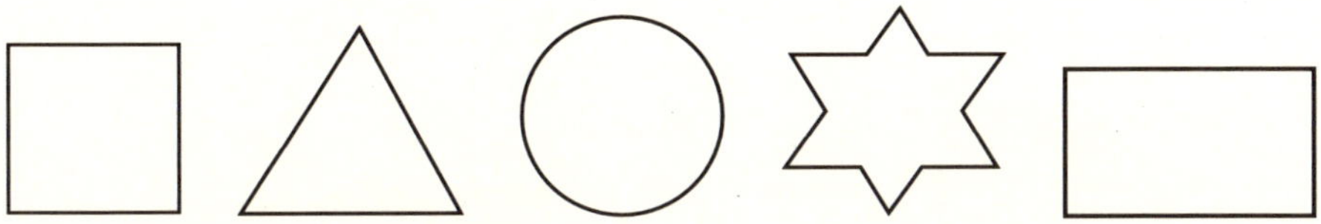

IX DISCRIMINAÇÃO VISUAL AVALIAÇÃO:

1) Marcar com um X o desenho diferente:

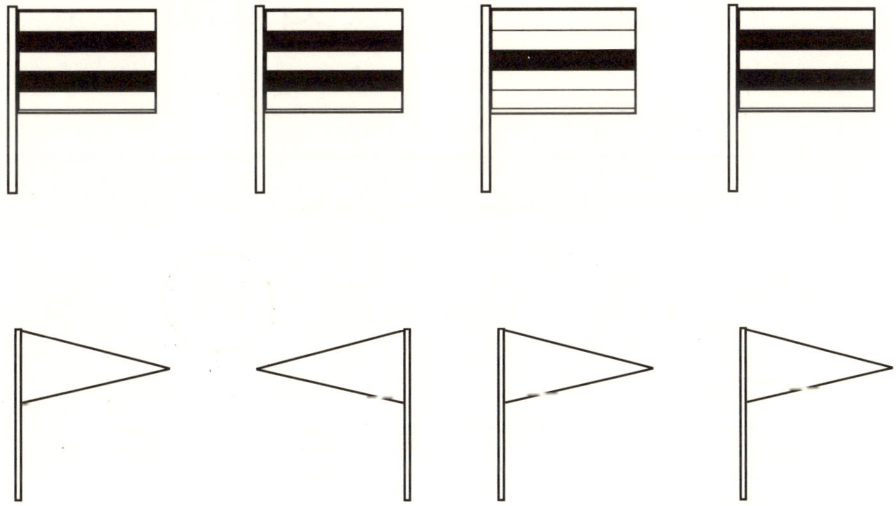

2) Fazer uma bola em volta da palavra diferente:

Fogo Figo Fogo Fogo

3) Ligar as palavras iguais:

EXEMPLO:

bico	pato
pato	bico

gato	dado
pato	sapo
dado	gato
sapo	pato

4) Fazer uma bola em volta da sílaba igual ao modelo:

EXEMPLO: va | na ta (va) da

ME | NE EM EN ME

be | de be eb pe

5) Fazer uma bola em volta da palavra igual ao modelo:

bola	bolo	bola	lobo	boa

panela	janela	canela	gaveta	panela

6) Fazer uma bola em volta das letras iguais ao modelo:

EXEMPLO:	R	ROSA	FURO	CARTA	CARETA

b	cubo	bode	lobo	boa

m	mato	cama	nome	bom

X DISCRIMINAÇÃO AUDITIVA AVALIAÇÃO:

1) Faça uma bola em volta da figura que começa com a mesma sílaba do modelo:

EXEMPLO:

2) Faça uma bola nas figuras que começam com o mesmo som:

EXEMPLO:

3) Faça uma bola em volta da figura que termina com o mesmo som do modelo:

EXEMPLO:

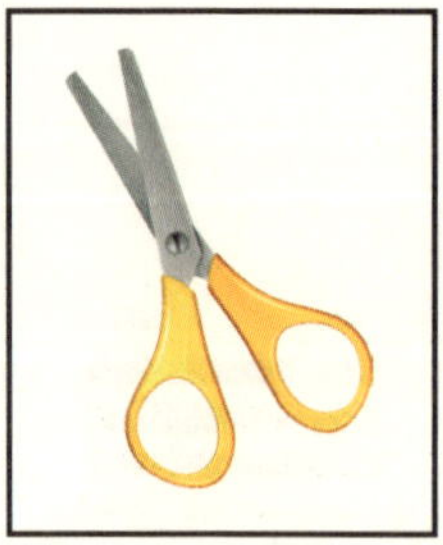

4) Faça uma bola em volta das figuras que terminam com o mesmo som:

EXEMPLO:

XI VERBALIZAÇÃO DA PALAVRA: AVALIAÇÃO:

1) Repetir as palavras:

casa	gato	cabide	
faca	vaca		
cutuca	caduca		
lã	irmã		
janela	chave	chinelo	girafa
cama	cana		
fita	vida		
problema	planta	flor	
pão	bom		
carro	caro		
sapato	xarope	zazá	
carta	porta		
escola	biscoito		
sol	canal	soldado	
campo	tinta		
folha	linha		
queijo	guerra		
prato	briga	livro	trator

1) Marcar com um X o conjunto que contém todas as partes do modelo:

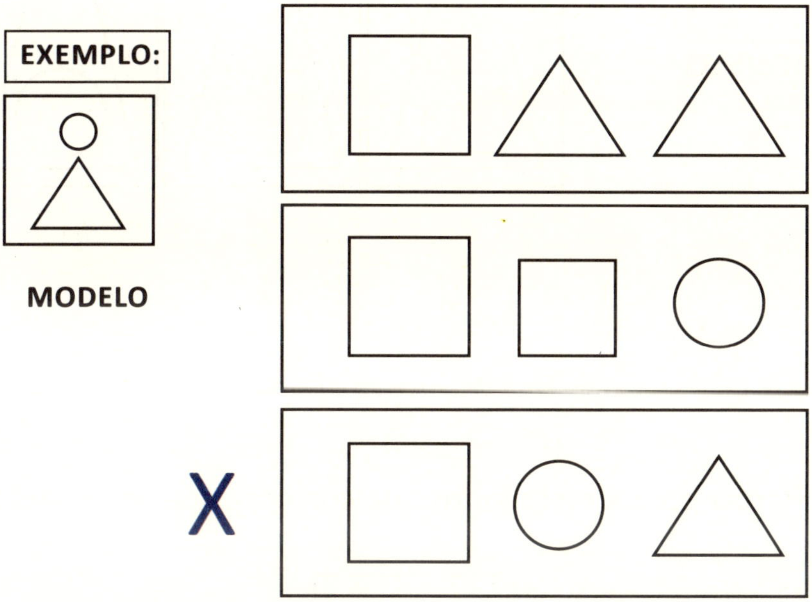

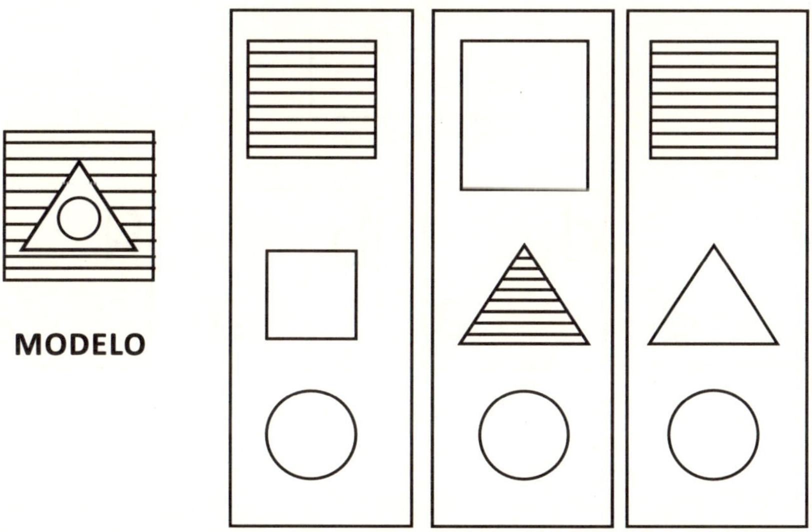

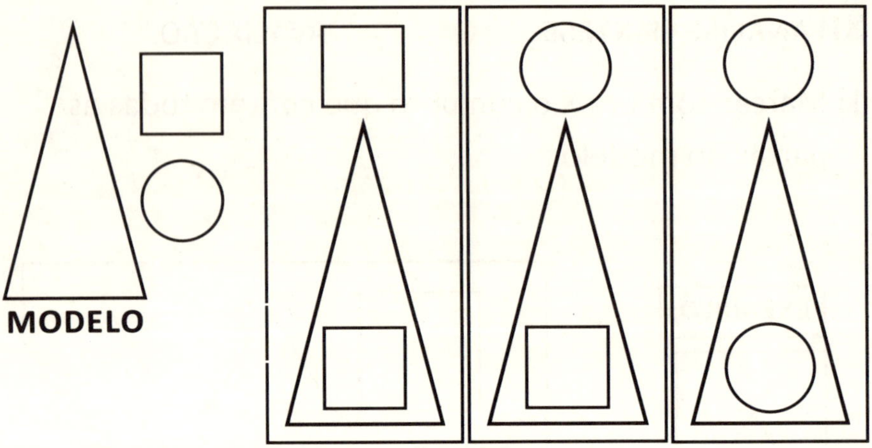

2) Marcar com X o conjunto que corresponde ao modelo:

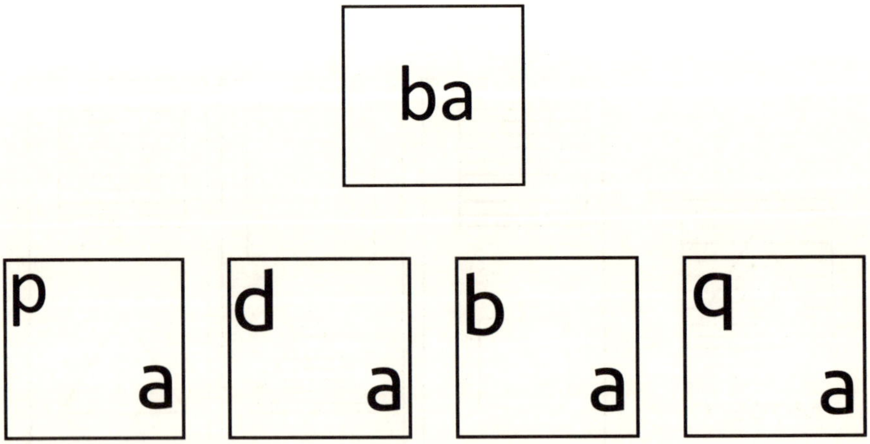

3) Marcar com X o conjunto que corresponde ao modelo:

MALUCO

LE MA TA	LA MU TA
LU MA CO	LO MA CA

4) Marcar com X o conjunto que corresponde ao modelo:

ta pe te

tapado	tapete
topete	tacape

5) Complete o que falta de acordo com o modelo:

galo		caneta		
ga		ca		ta

6) Pronunciar as palavras dividindo-as em sílabas (aplicação individual):

GATO BALA DEDO FACA

CANETA BONECA PANELA MACACO

XIII COORDENAÇÃO MOTORA FINA AVALIAÇÃO:

Cobrir e completar a lápis os movimentos abaixo:

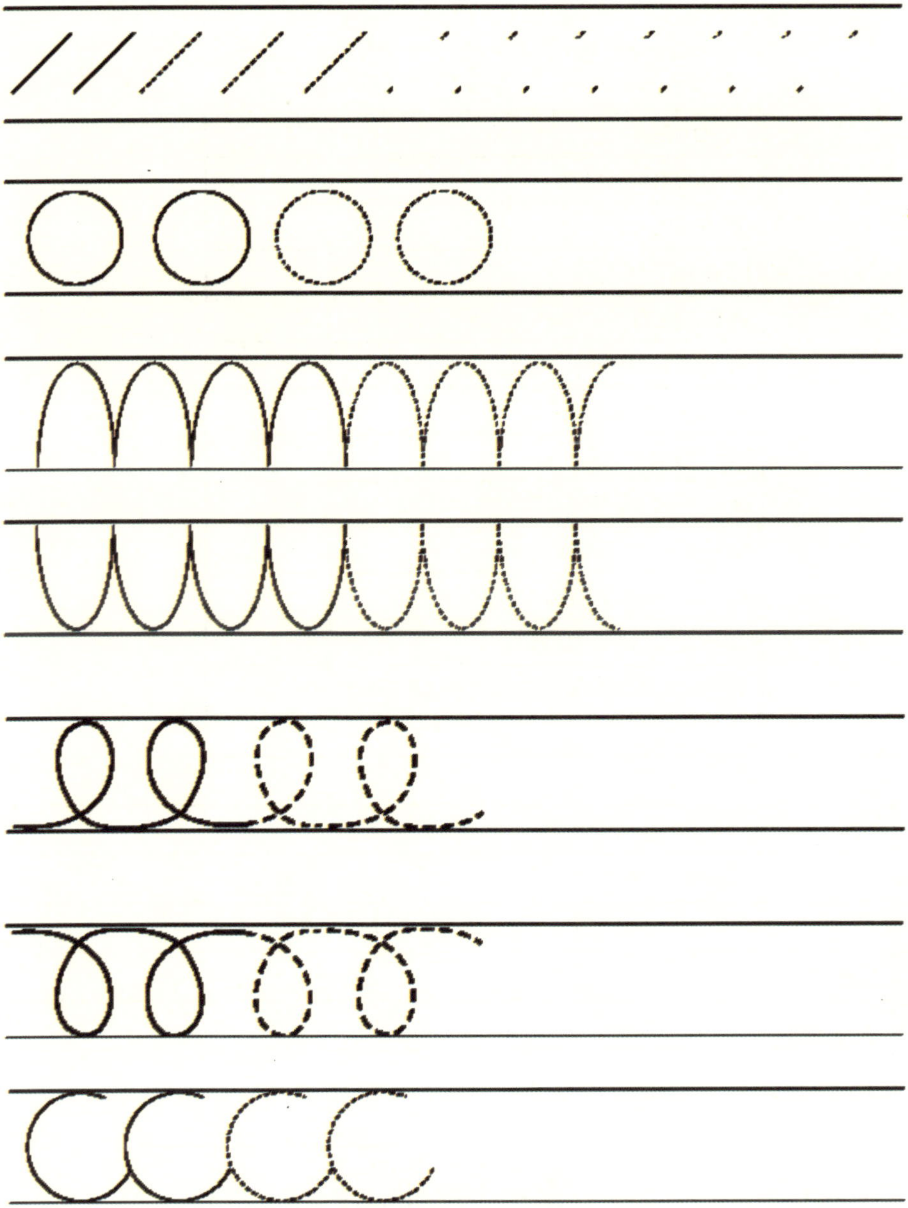

FOLHA GERAL DE REGISTRO INDIVIDUAL

IAR - INSTRUMENTO DE AVALIAÇÃO DO REPERTÓRIO BÁSICO PARA A ALFABETIZAÇÃO
Sérgio Antonio da Silva Leite

OK AZUL – aluno acertou tudo (100% de acerto)
OK VERDE – aluno errou até a metade dos exercícios
OK VERMELHO – aluno errou mais da metade dos exercícios

ALUNO: ________________________________

ESCOLA: ________________________________

CLASSE: ________________________ DATA___/___/____

APLICADOR: ________________________________

I ESQUEMA CORPORAL	
II LATERALIDADE	
III POSIÇÃO	
IV DIREÇÃO	
V ESPAÇO	
VI TAMANHO	
VII QUANTIDADE	
VIII FORMA	
IX DISCRIMINAÇÃO VISUAL	
X DISCRIMINAÇÃO AUDITIVA	
XI VERBALIZAÇÃO DE PALAVRAS	
XII ANÁLISE-SÍNTESE	
XIII COORDENAÇÃO MOTORA FINA	

9 786559 341146